Let's Start warming Up:

0

Zero

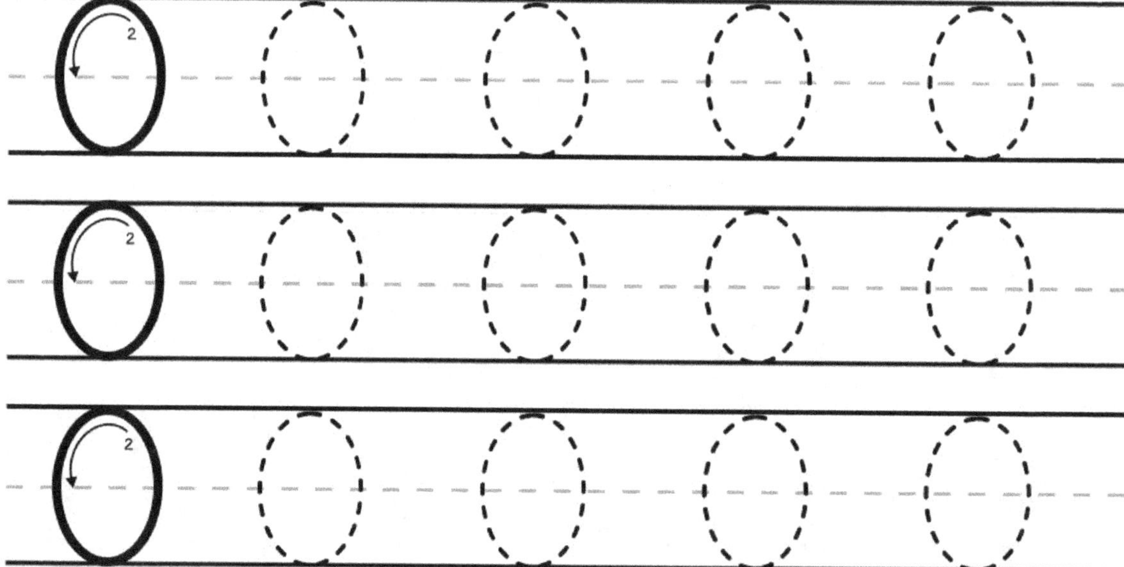

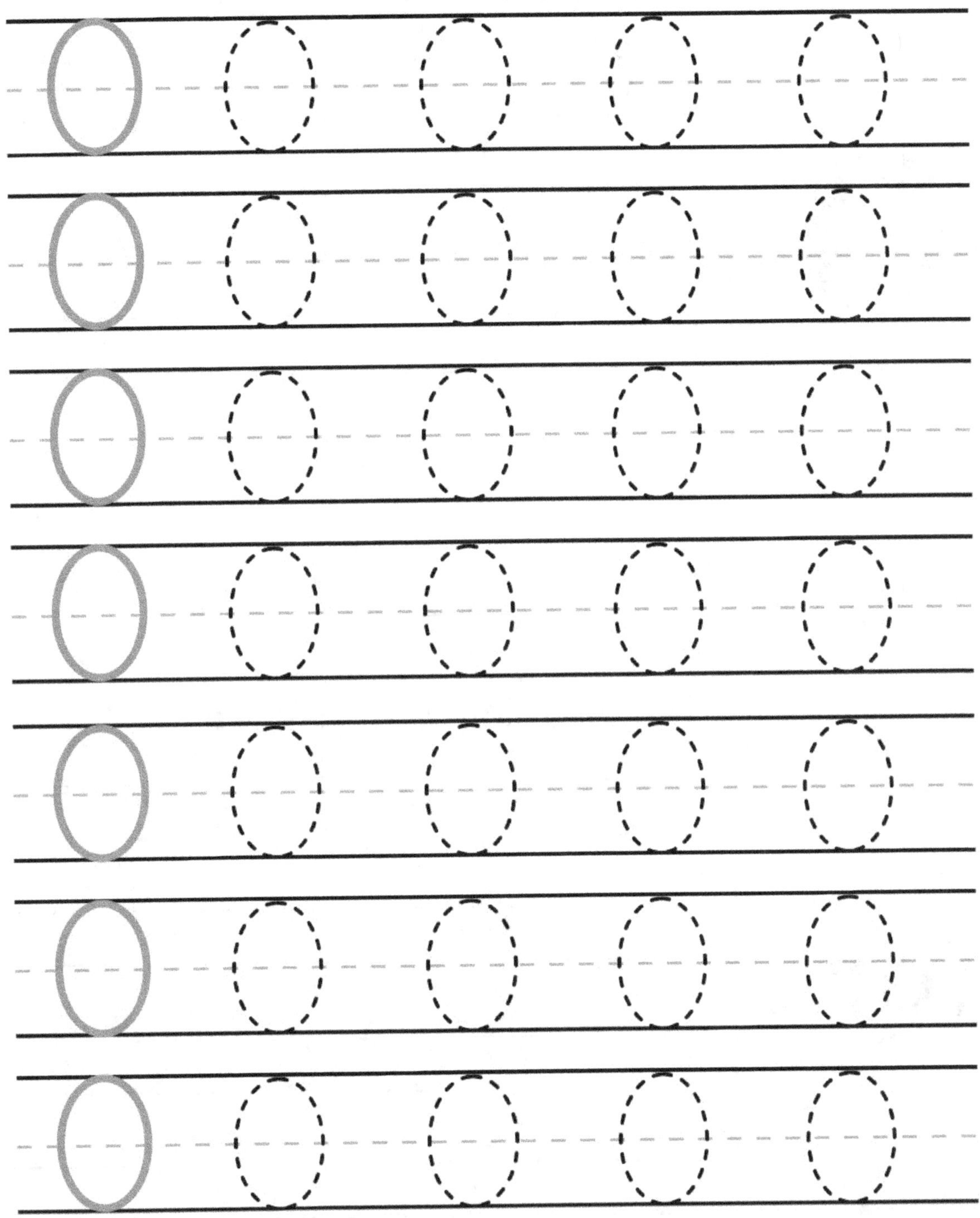

0

Trace the Number 0

Zero

Trace the word Zero

1
One

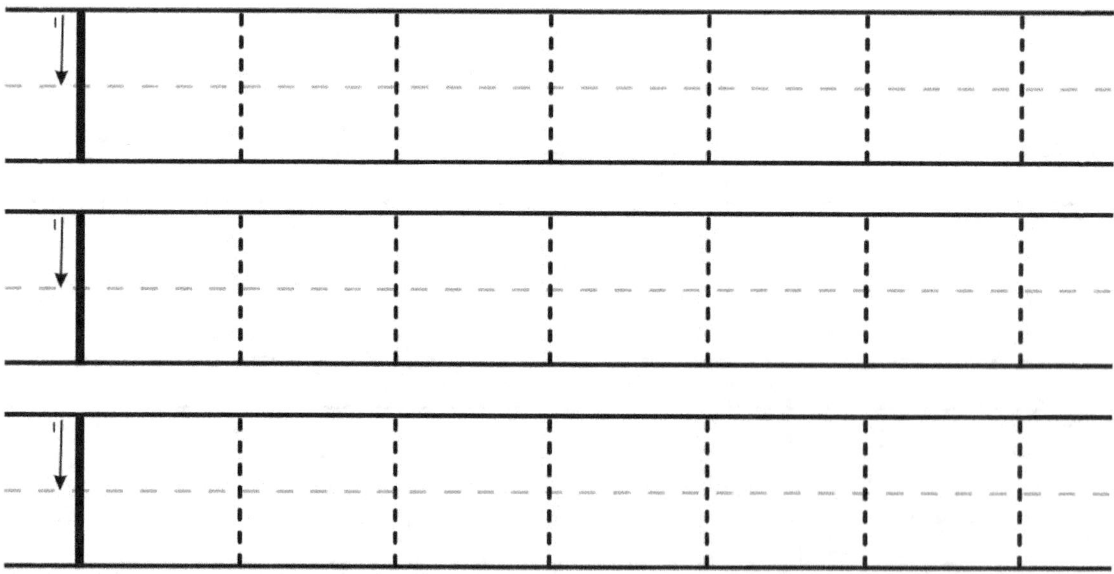

1

Trace the Number 1

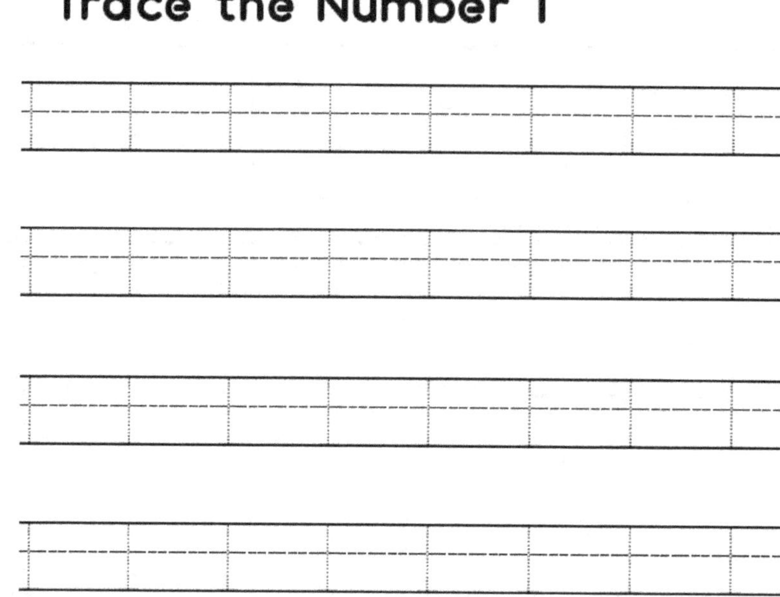

One

Trace the word One

2
Two

2 2 2 2 2 2 2

2 2 2 2 2 2 2

2 2 2 2 2 2 2

2 2 2 2 2 2 2

2 2 2 2 2 2 2

2 2 2 2 2 2 2

2 2 2 2 2 2 2

2

Two

Trace the Number 2

Trace the word Two

3
Three

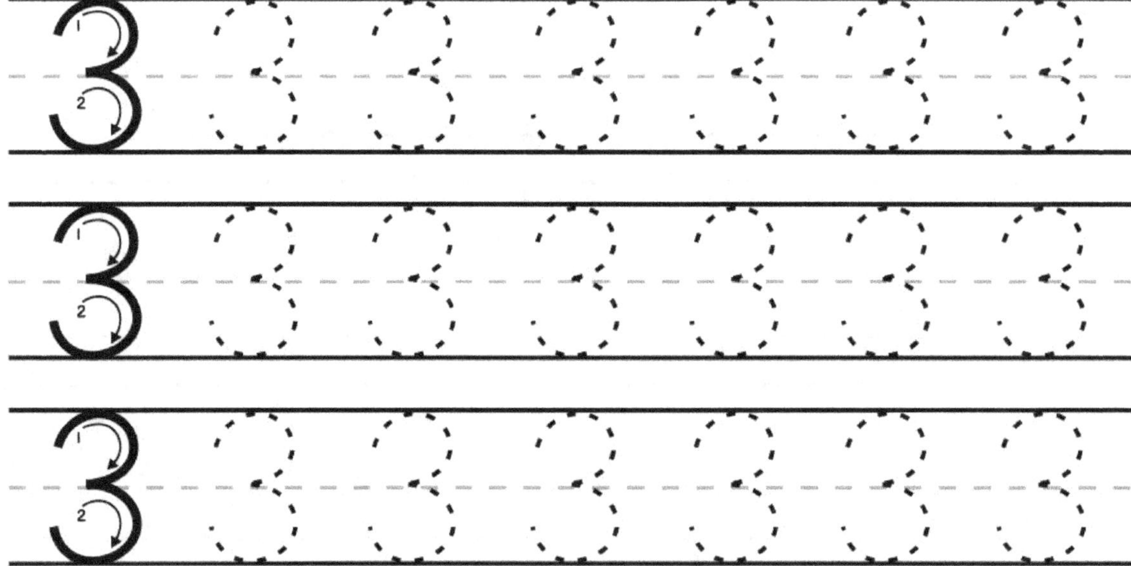

3 3 3 3 3 3 3

3 3 3 3 3 3 3

3 3 3 3 3 3 3

3 3 3 3 3 3 3

3 3 3 3 3 3 3

3 3 3 3 3 3 3

3 3 3 3 3 3 3

3

Trace the Number 3

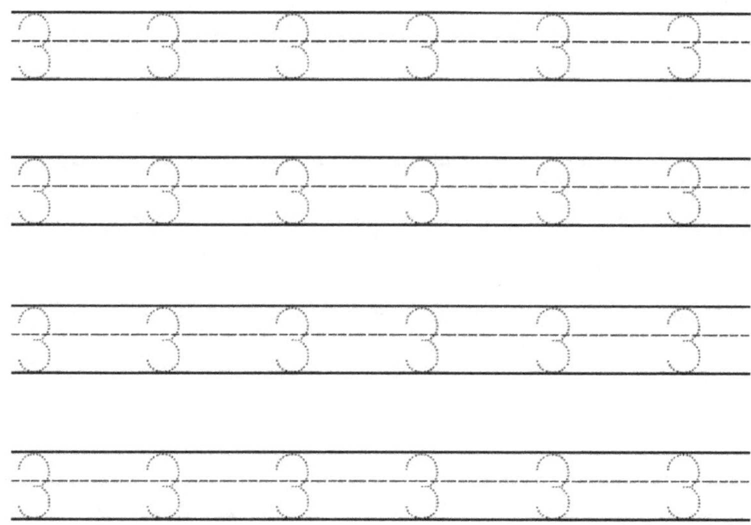

Three

Trace the word Three

4
Four

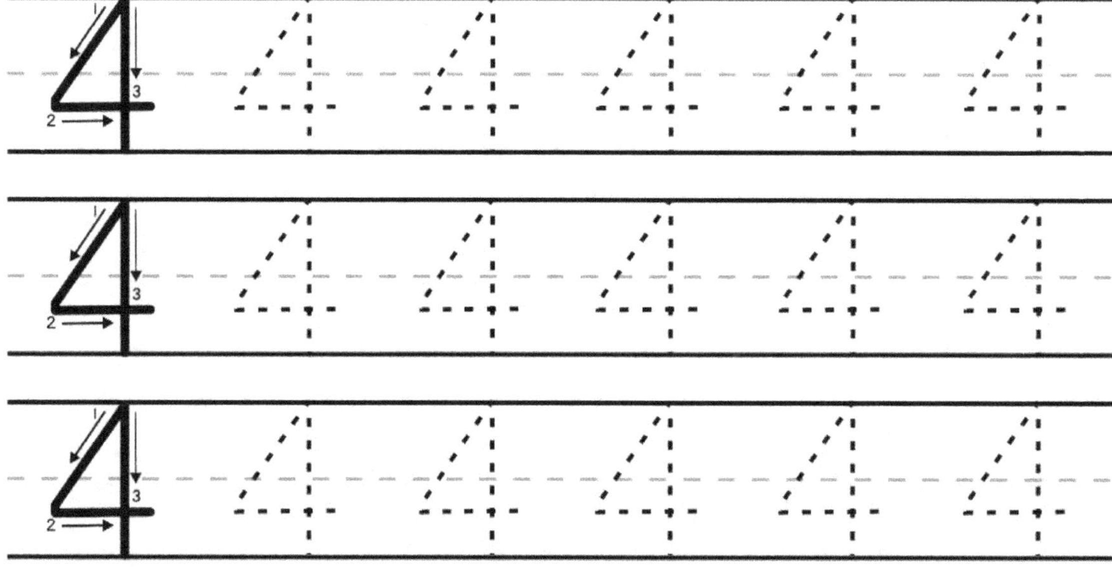

4 4 4 4 4 4

4 4 4 4 4 4

4 4 4 4 4 4

4 4 4 4 4 4

4 4 4 4 4 4

4 4 4 4 4 4

4 4 4 4 4 4

Trace the Number 4

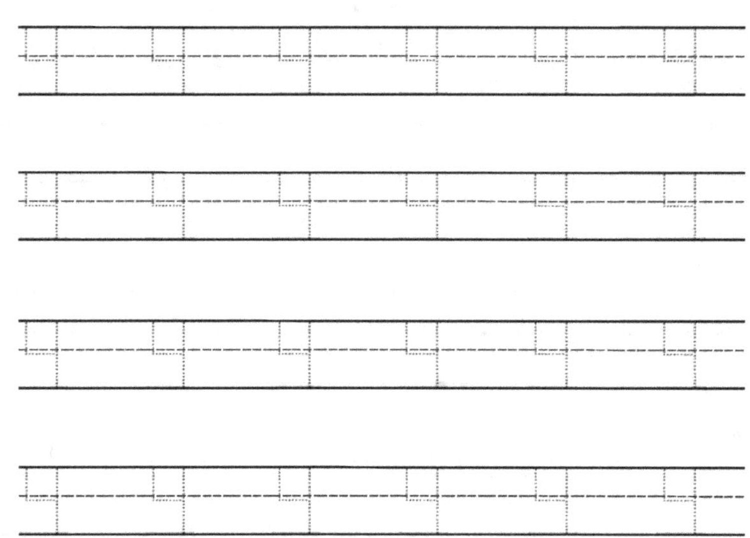

Trace the word Four

Four Four Four Four
Four Four Four Four
Four Four Four Four
Four Four Four Four

5
Five

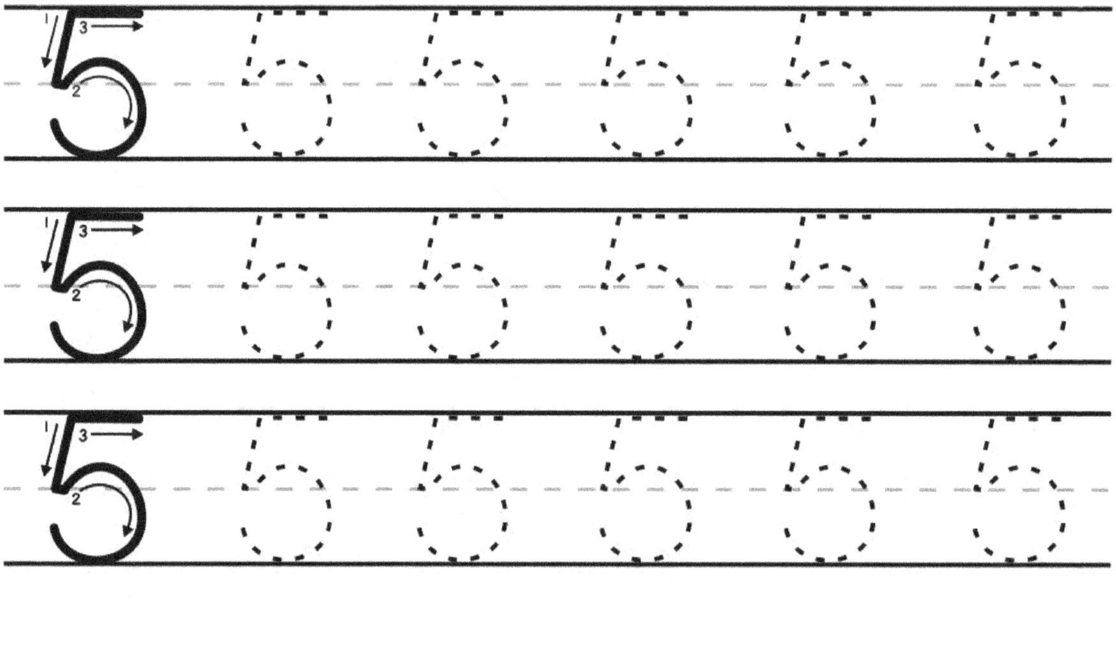

5 5 5 5 5
5 5 5 5 5
5 5 5 5 5
5 5 5 5 5
5 5 5 5 5
5 5 5 5 5
5 5 5 5 5

5

Trace the Number 5

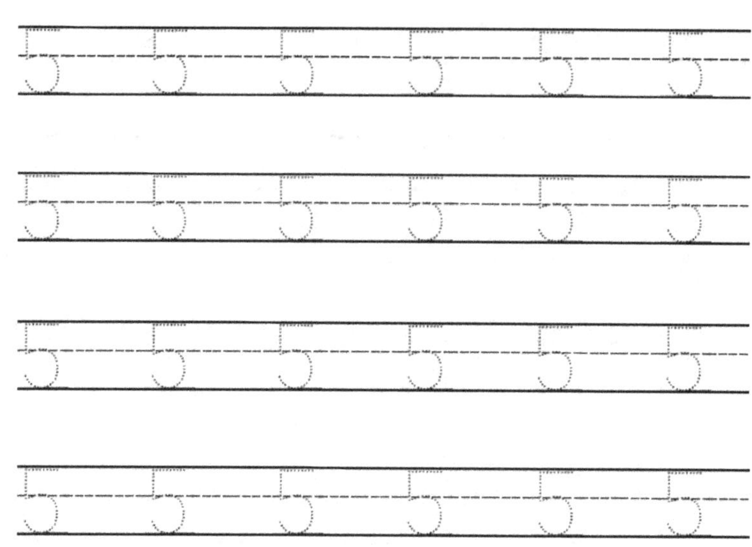

Five

Trace the word Five

[illegible]

[illegible]

[illegible]

[illegible]

[illegible]

[illegible]

6
Six

6 6 6 6 6 6

6 6 6 6 6 6

6 6 6 6 6 6

6

6

Trace the Number 6

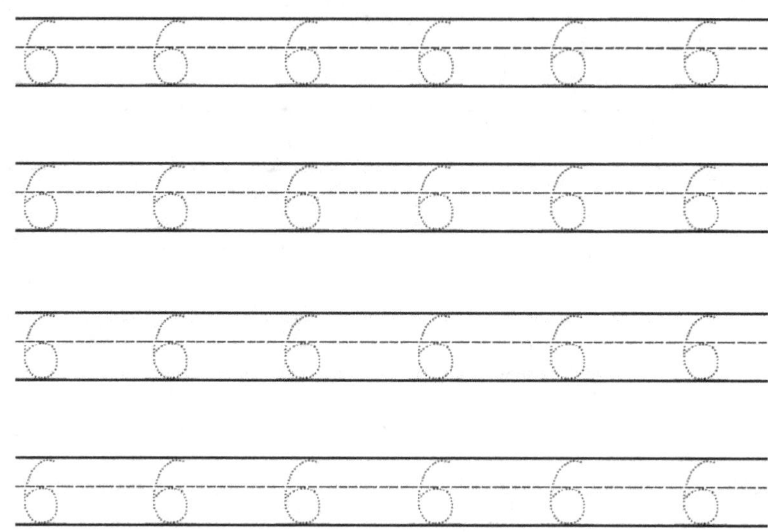

Six

Trace the word Six

7
Seven

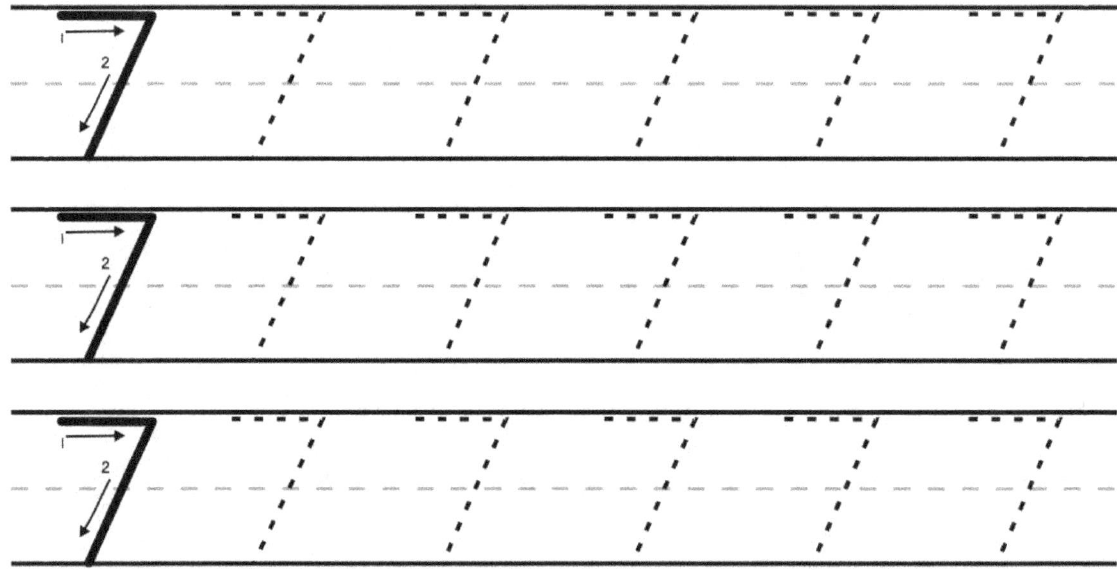

7

Trace the Number 7

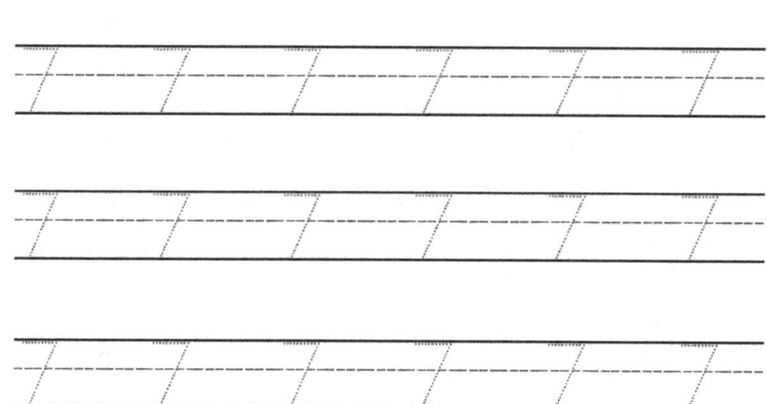

Seven

Trace the word Seven

8
Eight

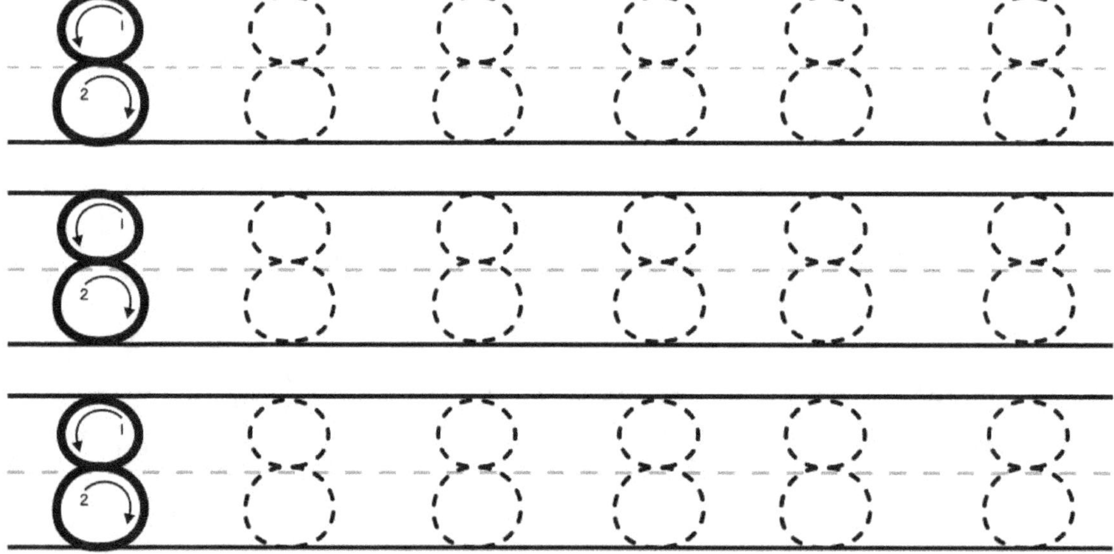

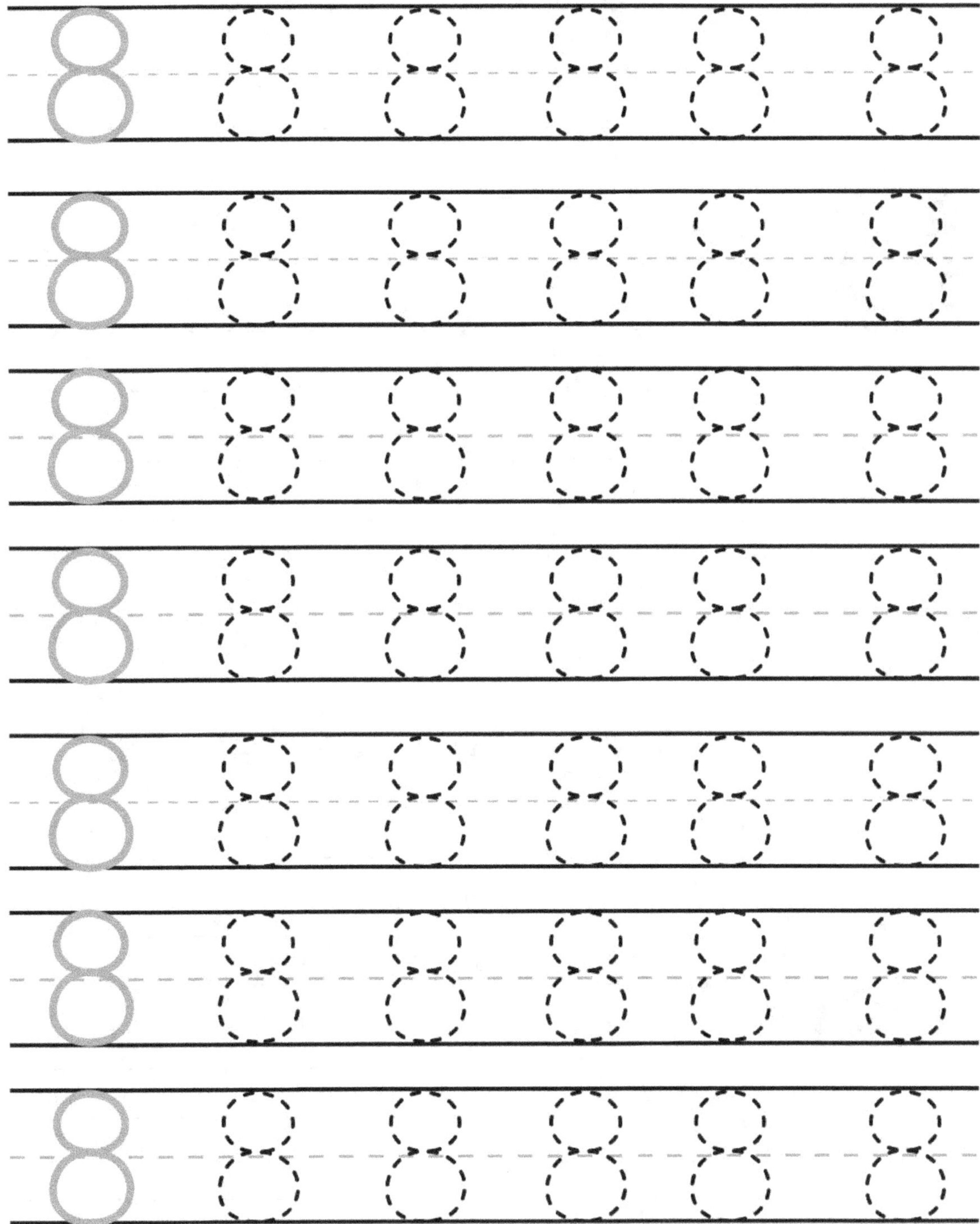

Trace the Number 8

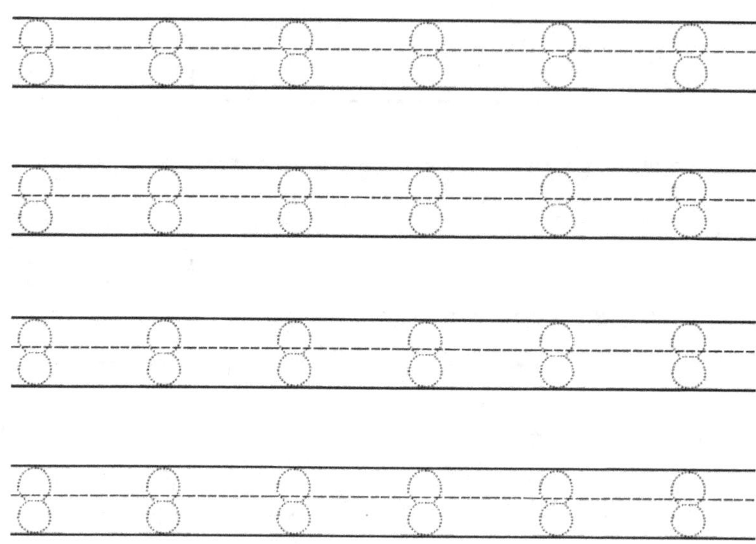

Trace the word Eight

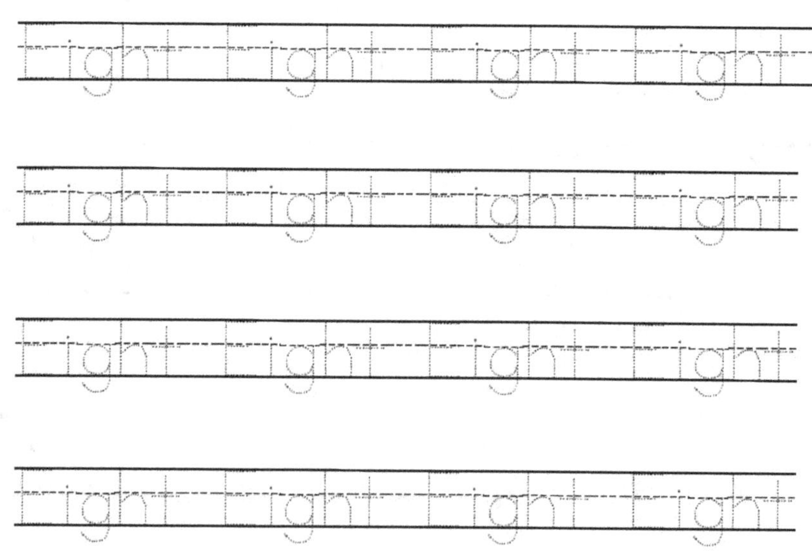

9
Nine

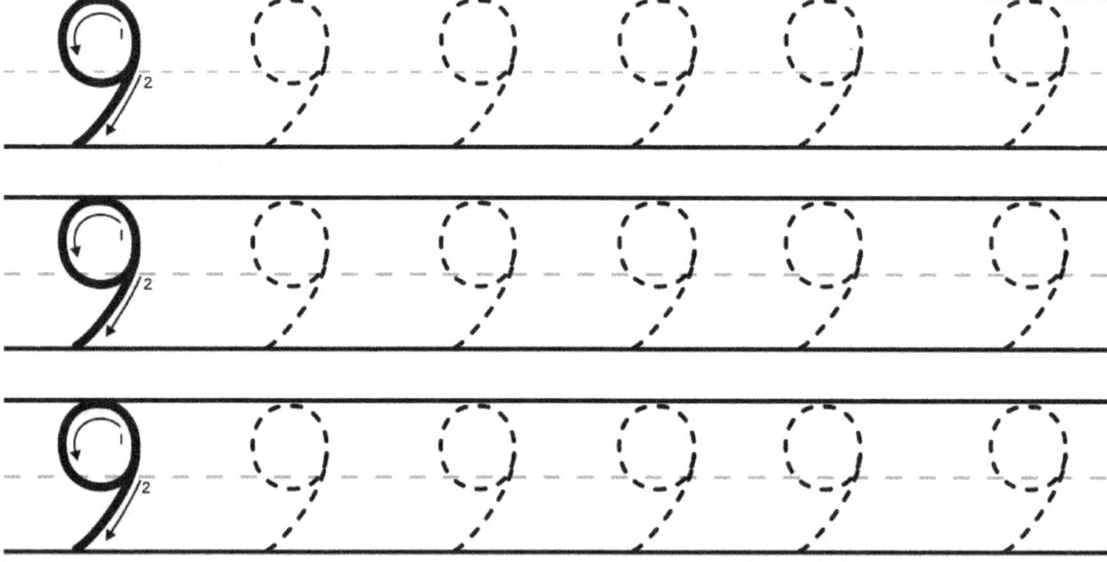

9 9 9 9 9 9

9 9 9 9 9 9

9 9 9 9 9 9

9 9 9 9 9 9

9 9 9 9 9 9

9 9 9 9 9 9

9 9 9 9 9 9

9

Trace the Number 9

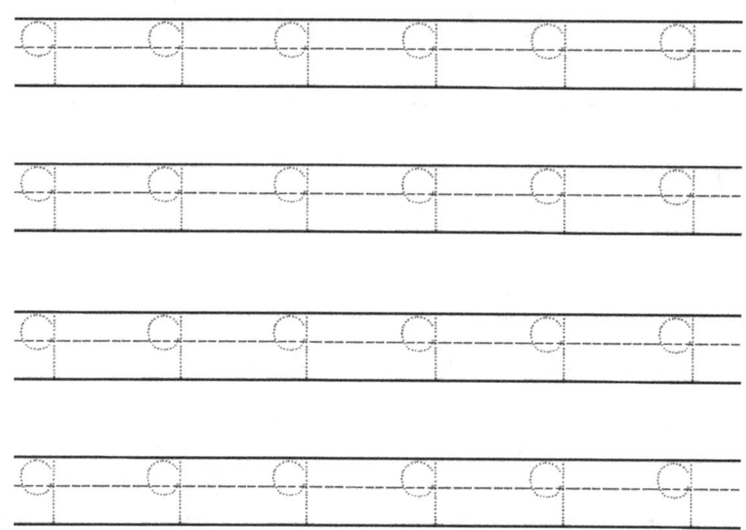

Nine

Trace the word Nine

10
Ten

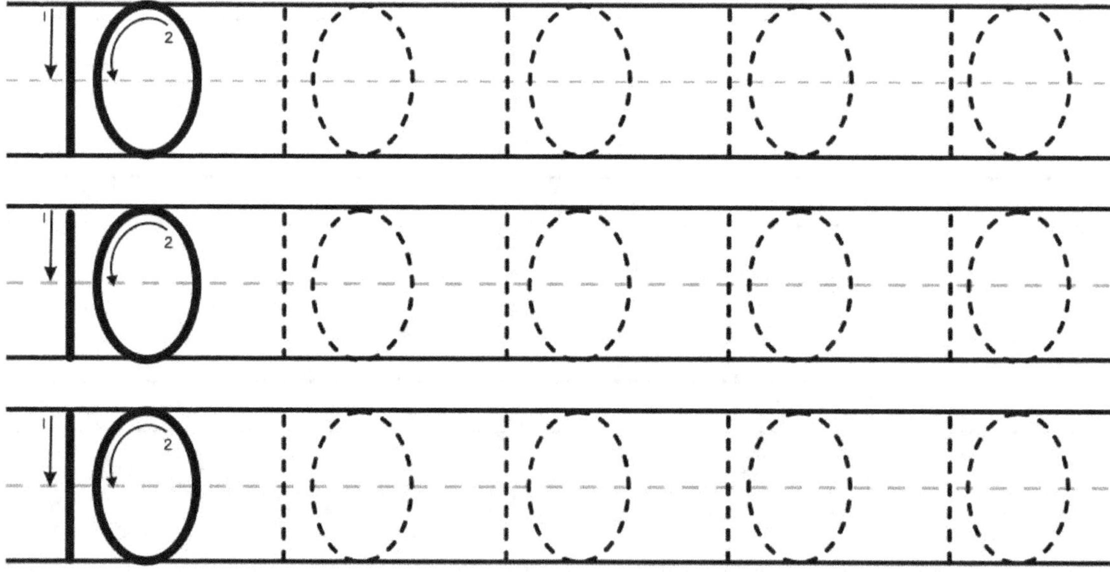

10 10 10 10 10

10 10 10 10 10

10 10 10 10 10

10 10 10 10 10

10 10 10 10 10

10 10 10 10 10

10 10 10 10 10

Trace the Number 10

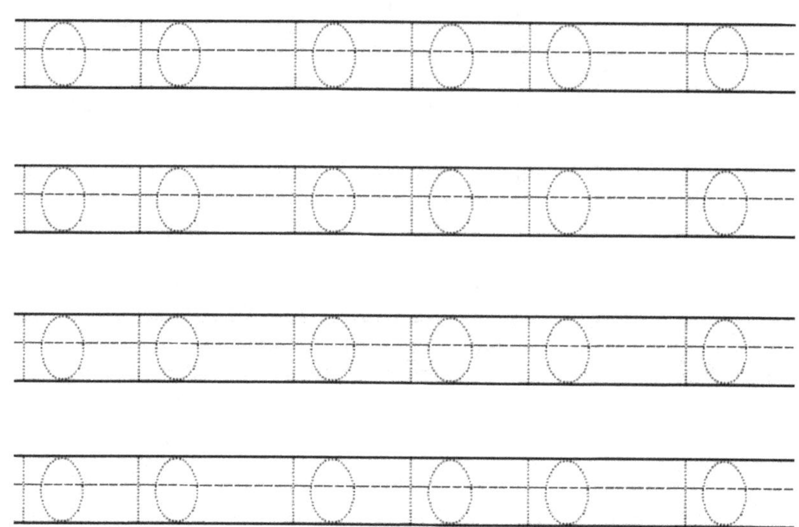

10

Trace the word Ten

Ten

TRACING NUMBERS

Trace the numbers in the boxes.